글 송혜정

어린 시절에 읽은 책 한 권이 주는 힘은 대단합니다.
아이들의 꿈에 조금이나마 도움이 되는 책이 되었으면 하는 바람으로 이 책을 쓰게 되었습니다.
방송국 프로그램이 만들어지는 과정을 궁금해하는 아이들의 호기심을 풀어 주고,
꿈을 심어 줄 수 있는 책이 되길 바랍니다.
2005년부터 KBS, MBC 등에서 방송 작가로 활동해 왔으며,
현재도 다양한 분야의 글을 쓰고 있습니다.

그림 지우

그림으로 어린이들에게 진솔하고 재미있는 이야기를 전하는 일이 좋아 일러스트레이터로
활동하고 있습니다. 다양한 그림 표현을 연구하며 작업할 때 가장 즐겁고 행복합니다.
지은 책으로 『때』 『유치원에 네가 가!』가 있으며, 그린 책으로 『고양이는 알고 있어』
『단톡방 귀신』 『오늘부터 울보 탈출』 『폭력은 안 돼!』 『지켜 주지 못해 미안해』
『고민 들어 주는 큰입이』 『마음을 배달해 드립니다』 『학교가 위험해』 등이 있습니다.

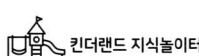
킨더랜드 지식놀이터

방송국에 간 도깨비 글 송혜정 그림 지우

초판 1쇄 펴낸날 2020년 4월 10일
초판 4쇄 펴낸날 2022년 5월 25일

펴낸이 김병오 **편집장** 이향 **편집** 김샛별 안유진 **디자인** 정상철 배한재 **홍보마케팅** 한승일 이서윤 강하영
펴낸곳 (주)킨더랜드 **등록** 제406-2015-000037 **주소** 경기도 파주시 회동길 512 B동 3F
전화 031-919-2734 **팩스** 031-919-2735
ISBN 978-89-5618-818-8 77680
제조자 (주)킨더랜드 **제조국** 대한민국 **사용연령** 5세 이상

방송국에 간 도깨비 ⓒ 2020 송혜정, 지우
*신저작권법에 의해 한국 내에서 보호를 받는 저작물이므로 무단전재와 복제를 금합니다.

방송국에 간 도깨비

글 송혜정 | 그림 지우

킨더랜드

아주 깊은 산속, 사람들의 발길이 닿지 않는 곳에
도깨비들이 모여 살아요. 도깨비들도 학교에 다니지요.

어느 날, 선생님 도깨비가 이야기했어요.
"친구들끼리 모둠을 만들어 인간 세상에서 가장 재미있는 걸 가져오세요.
숙제를 가장 잘한 모둠에는 큰 상을 내리겠어요."
도깨비들은 서로 친한 친구끼리 짝을 지어 출발했어요.
교실에는 똘비, 소비, 뚱비만 남게 되었지요.
똘비는 공부를 잘했지만, 잘난 척한다는 이유로 인기가 없었어요.
소비는 착하지만 내성적이고 소심해서 친구가 없었고요.
뚱비는 뚱뚱하다는 이유로 친구들이 놀아 주지 않았어요.
"너희 셋이 한 모둠이 되는 건 어떻겠니?"
똘비, 소비, 뚱비는 선생님의 말씀대로 한 모둠이 되었어요.

도깨비 삼총사는 커다란 방망이를 타고 인간 세상으로 내려왔어요.
그리고 사람들의 눈에 띄지 않기 위해 방망이로 변신을 시도했어요.
"사람으로 변신해라. 뽕!"
도깨비 삼총사의 키가 쑥쑥 자라더니 진짜 사람으로 변했어요.
똘비는 검정색 뿔테 안경을 쓴 남자 어른이 되었고,
소비는 긴 머리카락을 가진 여자 어른이 되었어요.
뚱비는 운동선수 같은 몸을 가지게 되었어요.

도깨비 삼총사는 도깨비 세상으로 스마트폰, 노트북,
텔레비전을 가져왔어요.
하지만 어떤 것도 켜지지 않았어요.
당연히 인간 세상에서 봤던 재미있는 장면들도 나오지 않았지요.
도깨비들은 스마트폰, 노트북, 텔레비전을 가지고 다시
인간 세상에 내려와 전자 기기 수리점으로 찾아갔어요.
"아저씨, 이것들 좀 고쳐 주세요."

아저씨가 텔레비전을 켠 순간, 거짓말처럼 화면이 나오기 시작했어요.
"아저씨, 정말 대단하세요! 어떻게 고치신 거예요?"
"고장 난 게 아닌데? 혹시 전파 수신이 잘 안 되는 곳에서 켠 거 아니니?"

전파
전자기파의 일종으로 라디오, 텔레비전 등 무선 전기 통신에서 사용되고 있어요.

방송국
전파법에 의해 허가를 받고 방송을 하는 무선국을 말해요. 세계 최초의 방송국은 1920년 미국 웨스팅하우스사가 세운 〈KDKA〉이고, 우리나라 최초의 방송국은 일제강점기 시대인 1927년 세워진 〈경성방송국〉이에요.

방송 프로그램
텔레비전이나 라디오에 나오는 방송의 종류와 방송 내용을 통틀어 가리키는 말이에요.

도깨비 삼총사는 곧장 방송국으로 찾아갔어요.
방송 프로그램은 방송국에서 만든다고 했거든요.
도깨비 삼총사가 어떻게 해야 할지 망설이고 있을 때, 경비 아저씨가 다가왔어요.
"방송국에는 무슨 일로 오셨죠?"
삼총사는 모두 긴장되었지만, 풍비가 용기를 내어 대답했어요.
"저희는 방송국을 구경하고 싶어서 왔어요."
"아, 방송국을 견학하러 왔군요!"
경비 아저씨는 친절하게 〈방송국 견학홀〉이라는 곳으로
안내해 주었어요.

들어가도 괜찮겠지?

방송국을 구경하고 싶어요!

TQBC 체험관

견학홀이 뭐 하는 곳이에요?

견학홀을 구경한 삼총사는 방송에 관한 많은 것을 보고 배울 수 있었어요.
하지만 선생님이 내준 '인간 세상에서 가장 재미있는 것 가져오기' 숙제를
하기에는 부족한 것 같았어요.
"우리 진짜 방송국 안으로 들어가 보자!"

방송국 견학홀
방송국을 체험해 보고 싶어 하는 사람들을 위해 만든 견학 공간이에요.
이곳에서 방송의 역사도 배우고, 다양한 프로그램들이 만들어지는 과정도 볼 수 있어요.
직접 체험해 볼 수도 있고요. 뉴스를 진행하는 앵커나 프로그램을 제작하는 프로듀서(PD),
드라마 주인공이 되어 볼 수도 있고, 기념사진도 찍을 수 있어요.

방송국 안으로 들어가려면 반드시 출입증이
필요했어요. 방송국 직원들이나 방문객들은
모두 출입증을 갖고 있었거든요.
하지만 도깨비 삼총사는 신분을 밝힐 수 없었어요.
으슥한 곳으로 몸을 숨긴 삼총사는
꼭꼭 숨겨 뒀던 방망이를 꺼냈어요.
"방망이야, 우리에게 방송국 출입증을 만들어 주겠니? 뿅!"
그러자 방망이 끝에서 출입증이 툭 떨어졌어요.
삼총사는 재미있는 방송 프로그램을 찾으러 몰래
숨어들었어요.

그때 도깨비 삼총사의 배에서 동시에 '꼬르륵' 소리가 났어요.
"어디선가 맛있는 냄새가 나는데?"
배고픈 뚱비를 따라간 곳은 방송국 구내식당이었어요. 이곳에서 일하는 사람들이 점심을 먹고 있었어요. 프로듀서, 작가, 연예인 등 방송국에는 다양한 일을 하는 사람들이 있어요.

삼총사가 맛있게 점심을 먹고 나오는데, 갑자기 환호 소리가 들렸어요.
"저기 가 보자! 재미있는 일이 일어났나 봐!"
삼총사가 달려간 곳은 라디오 스튜디오였어요.

라디오 방송

전파를 통해 소리를 내보내는 방송을 말해요.
1906년 미국에서 처음 시작되었어요.
전 세계에 실시간으로 음성을 전달한 첫 대중매체이기도 해요.

라디오 방송 프로그램

라디오 방송은 뉴스, 음악, 정보, 드라마 등 다양한 종류의 프로그램으로 구성되어 있어요.

대기실

출연자가 촬영을 시작하기 전에 잠시 대기하는 곳이에요. 출연자들은 대기실에서 분장도 하고, 방송에서 보여 줄 노래나 연기 등을 연습하며 자신의 순서를 기다려요.

라디오 방송이 끝나자 여학생들이 분주하게 움직이기 시작했어요.
도깨비 삼총사는 지나가던 여학생에게 물었어요.
"지금 어디 가는 거예요?"
"이제 음악 방송 응원하러 가야죠."
그때 여학생 중 한 명이 삼총사의 목에 걸린 방송국 출입증을 발견했어요.
"어, 방송국에서 일하세요? 그럼 우리 좀 대기실에 데려다주시면 안 돼요? 조용히 사인만 받고 나올게요."
"미안해요. 오늘은 할 일이 좀 많아서."
삼총사는 들킬세라 그곳을 도망치듯 빠져나왔어요.

스튜디오

촬영이 가능할 수 있도록 만들어진 공간이에요.
각 방송 프로그램의 성격에 맞게 만들어져요.

방송을 하기 전에는 미리 실제처럼 연습을 하기도 해요.
대기실에서 기다리던 출연자들은 자신의 방송 순서가 다가오자,
무대에 오르기 위해 황급히 스튜디오로 달려갔어요.
도깨비 삼총사들도 그 뒤를 따라갔지요.

예능 프로그램
예능 프로그램은 재미와 즐거움을 주기 위한 프로그램이에요.
음악, 오락, 쇼 프로그램 등이 있어요.

예능 프로그램은 정말 다양한걸? 저 사람은 가수인데 토크 쇼에도 나오네.

난 예능 프로그램이 제일 재미있는 것 같은데?

윽, 내가 걸렸네!

휴, 다행이다.

예능 프로그램을 구경한 도깨비 삼총사는 보도국을 찾아갔어요.
보도국에서는 빠르고 정확한 뉴스를 만들기 위해 바쁘게 움직이고 있었어요.

앵커
뉴스를 진행하는 사람을 말해요.

첫 번째 뉴스는 화면부터 나갑니다.

이제 음향이랑 화면 조정할게요. 방송 준비해 주세요.

보도국

보도국에서는 정치, 경제, 문화 등 새로운 소식을 빠르고 정확하게 전달해 주는 뉴스를 만들어요. 방송국 안에서도 중요한 부서로 손꼽히고 있는 곳이에요.

뉴스

사람들이 알아야 할 새로운 소식을 전해 주는 방송 프로그램이에요.
'누가, 언제, 어디서, 무엇을, 왜, 어떻게'에 맞게 내용을 전달해야 해요.

와, 세계 여러 나라에는 가 보고 싶은 유적지가 무척 많구나.

보도국 옆은 교양국이었어요.
교양국에서는 진행자가 대본을 보며
생활 정보 프로그램을 녹화하고 있었어요.
삼총사는 귀를 쫑긋 세우고 설명을
들었어요.

교양국
여러 분야의 지식과 정보를 알려 주는 교양 프로그램을 만드는 곳이에요.
교양 프로그램의 종류에는 생활 정보, 문화 예술, 다큐멘터리 등이 있어요.

다큐멘터리
실제 사건이나 자연 현상 등을 허구 없이 사실 그대로 보여 주는 프로그램이에요.
다큐멘터리는 한 가지 주제나 이야기로 자세한 내용을 다루는 만큼
제작 기간이 몇 달에서 몇 년까지 걸리기도 해요.
내용에 따라 시사 다큐멘터리, 자연 다큐멘터리, 휴먼 다큐멘터리,
역사 다큐멘터리 등으로 나눌 수 있어요.

드라마국

드라마를 제작하는 부서예요.
드라마는 단막극, 일일극, 주말극,
미니시리즈 등이 있어요.

드라마국에서는 배우들이 분장을 하고, 각자 맡은 역할을 연기하고 있었어요. 배우뿐만 아니라 연출팀, 촬영팀, 조명팀, 음향팀 등 많은 사람들이 드라마를 찍는 동안 모두 중요한 일을 하고 있지요.

음향 담당
소리와 관련된 일을 담당해요.

촬영 담당
촬영과 관련된 업무를 맡고 있어요. 카메라와 관련된 장비들도 관리해요.

조명 담당
조명 장치를 설치하고 조절해요.

연출 담당
드라마를 이끄는 역할을 해요. 대본을 바탕으로 배우의 연기, 무대, 조명, 음악 등 여러 가지를 종합적으로 살피며 드라마를 만들지요.

반사판을 잘 사용하면 더 예쁘게 나온다고!

방송국 안을 돌아다니며 방송 프로그램들을 살펴본 삼총사는 고민에 빠졌어요.
"그런데, 재미있는 방송 프로그램들을 어떻게 가져가지?"
"우리가 모두 가져가면, 인간들은 재미있는 방송을 못 보게 되는 거 아냐?"
소비의 말에 뚱비와 똘비는 고민이 되었어요.
정보와 즐거움을 주기 위해 열심히 일하는 방송국 사람들이 떠올랐기 때문이에요.
"우리가 직접 만들어 보면 어때?"
"뭐? 우리가 방송 프로그램을 만드는 주인공이 된다고?"

드디어 숙제를 끝낸 도깨비 삼총사는 직접 만든 방송 프로그램을 가지고 자신 있게 학교로 돌아왔어요.
"자, 다들 인간 세상에서 가장 재미있다고 생각하는 걸 가져왔나요?
지금부터 친구들에게 가져온 걸 소개해 주세요."

다른 도깨비 친구들의 발표가 시작되었어요.
게임기, 축구공 등 여러 가지 재미있는 것들을 가지고 나와 설명해 주었어요.
마지막으로 도깨비 삼총사 차례가 되었어요.
"우리 삼총사는 〈도깨비 TV〉에서 만든 방송 프로그램을 가져왔어요."
다른 도깨비 친구들과 선생님이 어리둥절한 표정을 지었어요.
뚱비와 똘비가 커다란 텔레비전을 가지고 나와 전원을 켰어요.
바로 그때, 삼총사가 직접 만든 방송 프로그램이 나오기 시작했어요.

"와, 이거 정말 재미있다."
"어떻게 저런 생각을 했지? 누가 봐도 제일 잘한 것 같은데?"
〈도깨비 TV〉의 방송 프로그램이 끝나자, 엄청난 박수와 함께 함성이 쏟아졌어요.
"셋이 힘을 합쳐 아주 재미있는 방송 프로그램을 만들어 왔구나!"

여러분 모두 숙제를 아주 잘해 줬어요. 친구들과 함께 좋은 추억을 만들었죠?

선생님이 칭찬해 주셨어요. 상도 물론 도깨비 삼총사가 받았지요!

도깨비 삼총사는 자신들이 직접 만든 방송 프로그램이 친구들에게 많은 정보와 즐거움을 준 것 같아 정말 뿌듯했어요.

"우리 계속 〈도깨비 TV〉의 주인공이 돼 보는 건 어때?"

"좋아! 나도 사실은 계속해 보고 싶었어!"

도깨비 삼총사는 모두가 빛나는 주인공이 될 수 있는 〈도깨비 TV〉를 만들어 보기로 약속했어요.

방송국에서는 누가 일하나요?

프로듀서(PD)
연출자라고도 해요. 방송 프로그램을 기획하고, 연출, 관리해요.

방송 작가
방송 프로그램을 구성하고, 큐시트와 대본을 써요. 출연자를 섭외하기도 해요.

진행자(MC)
MC, 사회자라고도 해요. 직접 출연해 프로그램을 진행해요.

출연자
방송에 출연하는 사람을 통틀어 출연자라고 해요. 프로그램에 따라 연예인도 있고, 일반인도 있어요.

무대 연출자(FD)
무대 현장을 직접 연출하는 사람을 말해요. 프로듀서의 일을 보조해요.

촬영 담당
카메라 선택부터 위치와 움직임 등 촬영과 관련된 일을 해요.

음향 담당
방송에 필요한 모든 소리와 관련된 작업을 담당해요.

조명 담당
방송 프로그램을 제작하기 위한 조명 관련 업무를 총괄해요.

미술 담당
촬영을 진행하는 공간을 만드는 일을 해요.

방송 편집 담당
영상에 자막이나 CG 등을 넣는 작업을 해요.

방송 기자
뉴스를 하기 위해 사건을 취재하고 알려 주는 일을 해요.

앵커
뉴스 프로그램을 진행하는 사람을 말해요.

기상 캐스터
날씨와 관련된 기사를 작성하고 방송하는 일을 해요.

라디오 DJ
라디오 프로그램을 진행해요.

헤어·메이크업 담당
출연자가 프로그램에 맞게 돋보이도록 헤어와 메이크업을 담당해요.

코디네이터
출연자들의 옷, 액세서리, 구두 등을 잘 어울리게 꾸며 주는 일을 해요.

매니저
연예인의 활동과 일정을 계획하고 관리하는 일을 해요.

홍보 담당
방송 내용, 출연자, 방송 시간 등 프로그램에 관한 정보를 많은 사람들에게 알려 줘요.

행정 담당
프로그램을 제작할 때 들어가는 비용 등을 처리해요.

그 밖의 사람들
- **영양사와 조리사**: 방송국 구내식당에서 맛있는 식사를 준비해요.
- **안내 데스크 직원**: 처음 오는 사람들에게 방송국을 안내해요.
- **경비원**: 방송국의 안전과 시설을 지키는 일을 해요.
- **청소 및 시설 관리**: 방송국 내부를 청결하게 하고 시설들을 관리해요.

우리나라 방송국을 알아볼까요?

국영 방송
국가에서 직접 관리하거나 운영하는 방송을 말해요.
예) KTV국민방송

공영 방송
공공 기관이나 공공 기업에서 운영하는 방송을 말해요.
방송의 목적을 이윤추구에만 두지 않고, 공공의 복지를 위한 방송을 만들어요.
예) KBS, MBC, EBS

상업 방송
민간 기업이 소유한 방송으로, 민영 방송이나 민간 방송이라고도 해요.
이익을 목적으로 하며 주로 광고료로 돈을 벌어 운영해요.
예) SBS, JTBC, MBN, 채널A 등

방송 프로그램은 어떤 것이 있나요?

뉴스
아직 알려지지 않은 새로운 소식을 전해 주는 프로그램이에요. 뉴스는 '누가, 언제, 어디서, 무엇을, 왜, 어떻게'에 맞게 내용을 전달해야 해요.

드라마
꾸며낸 이야기를 연기를 통해 보여 주는 프로그램이에요.
예) 단막극, 일일극, 주말극, 미니시리즈 등

예능
사람들에게 즐거움과 재미를 주는 프로그램이에요.
예) 음악, 쇼 등

교양
시청자의 교양 수준을 높이기 위해 다양한 소재를 깊이 있게 다루는 프로그램이에요.
예) 시사 정보, 다큐멘터리, 생활 정보, 토론, 교육, 문화 예술 등

라디오
라디오 매체를 통해 뉴스, 음악, 드라마 등을 음성으로 들려주는 프로그램이에요.
예) 라디오 뉴스, 라디오 드라마 등

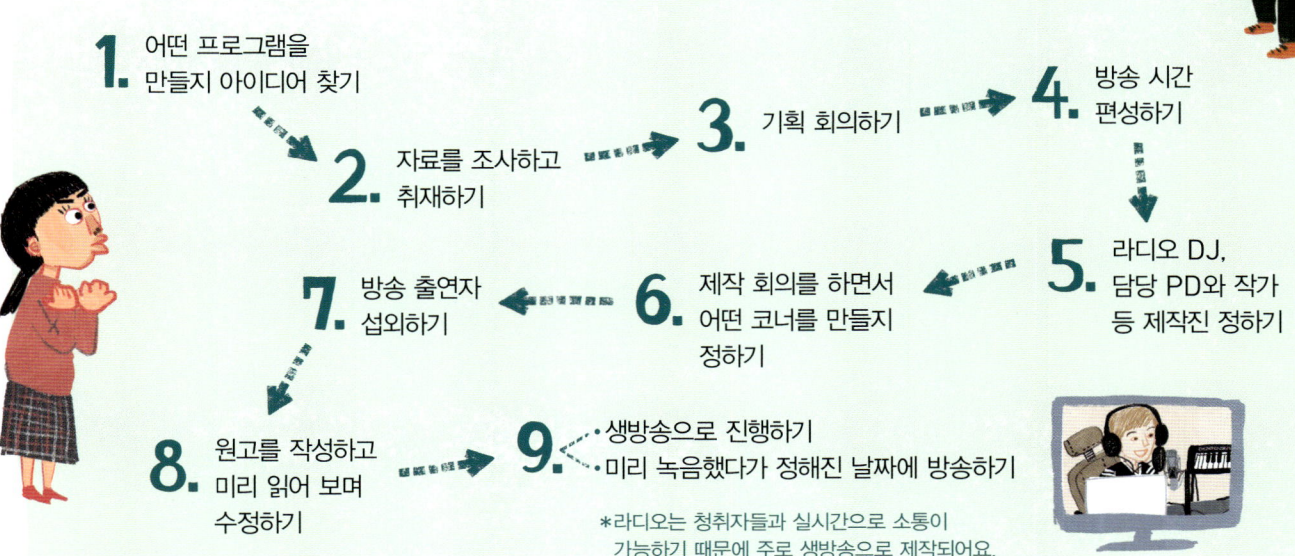